1. Auflage 2023

ISBN 978-3-219-11991-6
Vollständig überarbeitete und erweiterte Neuausgabe
Erstausgabe © Annette Betz im Verlag Carl Ueberreuter, Wien 2009
ISBN 978-3-219-11387-7

Lektorat: Judith Schumacher
Umschlag- und Innenillustrationen: Anna Severynovska
Druck und Bindung: Grafisches Centrum Cuno, Calbe
Gedruckt auf Papier aus geprüfter nachhaltiger Forstwirtschaft.

www.annettebetz.de

Susa Hämmerle

Mein erstes Ballettbuch

Berühmte Ballette zum Träumen und Mittanzen

Mit Bildern von Anna Severynovska

annette betz

Willkommen im Ballett!

Menschen haben schon immer gerne Geschichten erzählt, musiziert und getanzt. Die Kunst, alles in einem zu tun, ist das Ballett. Hier erzählen uns Tänzer und Tänzerinnen von Abenteuer, Liebe, Glück oder Unglück – nur mit Hilfe ihrer Gesichtsausdrücke, Körpersprache und dem Tanz. Die Schritte und Haltungen, die sie dabei verwenden, wurden vor etwa fünfhundert Jahren an italienischen und französischen Königshöfen erfunden. Damals waren Ballettaufführungen nur für Adelige, und auf der Bühne durften nur Männer tanzen!

Bald entstanden aber erste Ballettschulen, an denen auch Mädchen lernen durften. Manche von ihnen wurden berühmte Ballerinen, zu deren Auftritten das Publikum in Scharen herbeiströmte. Vor allem in Russland war das Ballett sehr beliebt. Deshalb stammt die Musik zu vielen Ballettstücken auch von russischen Komponisten. Nach und nach hat sich das Ballett in alle Welt verbreitet. Und heute ist es zum Glück für alle da – auch für dich!

Grundhaltungen

Warst du schon einmal in einem Ballett? Oder träumst du davon, selbst eine Tänzerin oder ein Tänzer zu werden? In der Ballettschule lernst du, was jeder Ballettstar im Schlaf beherrschen muss: die Grundübungen und Grundpositionen des klassischen Balletts.

Manche der Übungen eignen sich auch gut, um sich für die Ballettstunde aufzuwärmen und die Fußmuskeln zu kräftigen – zum Beispiel die drei bekannten Grundübungen Battement tendu (à la seconde), Demi-plié und Grand-plié.

Von den Grundpositionen (Haltungen) gibt es fünf für die Arme und fünf für die Füße. Du siehst sie hier nebeneinander auf einen Blick.

Diese Haltungen sind überall auf der Welt gleich und sozusagen das ABC des klassischen Balletts. Denn nur wer diese schwierigen »Buchstaben« des Balletts federleicht beherrscht, kann später einmal selbst so schöne Ballettgeschichten tanzen, wie sie in diesem Buch beschrieben sind!

Schwanensee

Ballett in vier Akten zur Musik von Peter Iljitsch Tschaikowsky

Eine Königin hatte einen einzigen Sohn. Er hieß Siegfried und sollte ihr bald auf den Thron nachfolgen. An seiner Seite aber fehlte noch die passende Frau. Also lud die Königin zu Siegfrieds einundzwanzigstem Geburtstag alle schönen und klugen Mädchen des Landes ein. Am Vorabend befahl sie dem Prinzen: »Du musst dir morgen deine Braut aussuchen.«
Sie überreichte Siegfried eine goldene Armbrust. Das Geschenk gefiel dem Prinzen wohl, doch der Gedanke ans Heiraten behagte ihm ganz und gar nicht. Er beklagte sich darüber bei seinen Freunden. Da ertönte vom Himmel ein seltsamer Schrei.
Es war ein Zug wilder Schwäne. Die jungen Männer folgten ihnen zu einem Waldsee. Während seine Freunde herumstreiften, beobachtete Siegfried einen der Schwäne. Er schwamm direkt auf ihn zu. Der Prinz hob die Armbrust – doch was war das? Vor seinen Augen verwandelte sich der Schwan in ein wunderschönes Mädchen! 𝄞 2–5
Es stieg ans Ufer und sprach: »Ich bin Prinzessin Odette und wurde verzaubert. All diese Schwäne sind meine Gefährtinnen. Nur von Mitternacht bis zum ersten Tageslicht dürfen wir menschliche Gestalt annehmen. Bitte, erlöse uns von Zauberer Rotbarts Fluch!«
»Nichts lieber als das!«, rief Siegfried. »Was muss ich tun?«
Odette senkte den Kopf. »Mich heiraten und mir ewige Liebe schwören.«

Dem Prinzen erschien dies ein Leichtes, denn er hatte sich sofort in Odette verliebt. Er versprach, sie beim Ball als Braut zu wählen und niemals eine andere zu lieben.
Der Ball kam mit festlicher Beleuchtung und hunderten Gästen. Jedes der Mädchen hoffte, dass der Prinz es zur Braut erwähle. Siegfried aber hatte nur Odette im Kopf. Würde sie kommen? In seine Unruhe hinein krachte plötzlich ein Donnerschlag. Gleichzeitig sprang die Tür des Festsaals auf und ein fremder Fürst mit seiner Tochter trat ein. Es war: Odette! Oder doch nicht? Kurz zögerte der Prinz, weil Odette irgendwie anders wirkte. Aber es lag wohl an dem schwarzen Kleid, das sie trug. Siegfried begrüßte ihren Vater und führte Odette zum Tanz. Sie war eine geschmeidige Tänzerin! Siegfried vergaß alles – außer dieser Frau.

Und merkte aber nicht, dass sie spöttisch lächelte. 𝄞 6–8
Und dass ihr Vater sich die Hände rieb. Und dass vor dem Fenster ein weißer Schwan stand und verzweifelt mit den Flügeln schlug …
»Ich liebe dich«, flüsterte Siegfried. »Für immer und ewig!«
Kaum hatte er diese Worte gesprochen, als der vermeintliche Fürst in schauerliches Gelächter ausbrach. »Du Dummkopf!«, rief er. »Nicht deiner Odette, sondern meiner Tochter Odile hast du einen Antrag gemacht. Und dadurch Odette für immer verloren. Nur damit du es weißt: Keiner kann den Bann des mächtigen Rotbart brechen!«
Und damit nahm der böse Zauberer seine Tochter am Arm und verschwand. Alle waren wie erstarrt. Siegfried aber begriff den Betrug. Er stürzte aus dem Schloss, um Odette zu suchen.

Siegfried fand Odette am Waldsee mit ihren Gefährtinnen. Es war schon Mitternacht und sie hatten ihre menschliche Gestalt. Odette weinte bitterlich, denn sie glaubte sich von Siegfried verraten. Als er aber zu ihr trat und alles berichtete, vergab sie ihm.
»Was nun?«, fragte der Prinz verzagt.
»Rotbart hat gewonnen«, flüsterte Odette.
»Der Fluch ist nicht mehr zu brechen. Es sei denn, ich gehe auf ewig ins Wasser.« Mit diesen Worten watete sie langsam in den See.
»Nein«, schrie Siegfried. »Dann will ich auch nicht mehr leben!«

Er folgte Odette und fasste ihre Hand. Doch in dem Moment ertönte ein grässlicher Schrei. Der Schatten 𝄞 9+10
von Rotbart wurde auf einem Felsen sichtbar.
Er krümmte sich und fiel zusammen, in ein Häufchen Staub!

So hatte die große Liebe von Siegfried und Odette den Zauberer doch noch besiegt – und die beiden konnten nicht mehr aufhören sich zu umarmen und zu küssen … bis der Morgen kam und Prinz Siegfried seine Braut Odette ins Schloss heimführte.

Coppélia

Komisches Ballett in drei Akten
zur Musik von Léo Delibes

Den meisten in der Stadt war der alte Coppélius nicht geheuer. Erstens nannte er sich Erfinder, doch keiner wusste, was er eigentlich erfand. Und zweitens hatte er eine Tochter, die ebenso schön wie wunderlich war. Sie saß den ganzen Tag mit einem Buch auf dem Balkon. Und gleichgültig, wer sie grüßte oder bewundernd zu ihr hochsah – Coppélia schenkte keinem einen Blick. Auch nicht dem jungen Franz. Obwohl er Coppélia förmlich anhimmelte, sehr zum Ärger von Swanilda. Denn schließlich war Franz ihr Verlobter! Sie beschloss, ihn zur Rede zu stellen. Doch in diesem Augenblick erschien Coppélius auf dem Balkon und führte seine Tochter ins Haus. Franz ging davon und Swanilda mochte ihm nicht nachlaufen. Außerdem kamen gerade ihre Freundinnen. Sie schwatzten über die neue Glocke, die morgen zum ersten Mal läuten sollte – an Swanildas Hochzeitstag ... Swanilda traten die Tränen in die Augen. »Ein sauberer Bräutigam«, schnaubte sie. »Der schon vor der Hochzeit anderen schöne Augen macht!«

Ihre Freundinnen wollten sie trösten. Doch ihre Worte wurden von Geschrei übertönt. Coppélius 𝄞 11+12
war aus dem Haus getreten und von ein paar Burschen angerempelt worden. Er vertrieb sie wütend und verschwand dann um die Ecke.
Swanilda starrte auf den Schlüssel, der am Boden lag. Coppélius hatte ihn verloren!
»Kommt!«, rief Swanilda. »Wir besuchen Coppélia!« Ihre Freundinnen wollten zuerst nicht. Doch als Swanilda aufschloss, folgten sie ihr. Es war ziemlich dunkel im Haus. Plötzlich schrie eines der Mädchen auf: Sie wurden von glitzernden Augen angestarrt! Swanilda riss die Vorhänge auf und im hellen Mondlicht sahen sie: Puppen! Sie hingen und standen überall. Das also war es, was Coppélius »erfand«! Zwischen einem Harlekin und einer spanischen Tänzerin sah Swanilda einen Vorhang. Sie zog ihn neugierig auf. Und wer saß dahinter und lächelte mit aufgemalten Lippen in ihr Buch?

Coppélia! Auch sie war nur eine Puppe!

Übermütig begannen die Mädchen, die Puppen aufzuziehen und mit ihnen zu tanzen. Sie machten dabei einen solchen Lärm, dass sie Coppélius erst bemerkten, als er mit erhobenem Stock vor ihnen stand. Kreischend stoben die Mädchen davon.
Nur Swanilda konnte nicht mehr fliehen. Sie duckte sich zur Puppe Coppélia hinter den Vorhang.
Sie hörte, wie Coppélius aufräumte. Und plötzlich hörte sie auch: die Stimme von Franz! Er stotterte: »Verzeihung, Herr Coppélius, aber ihre Tochter gefällt mir so gut!«
Swanilda kochte vor Wut. »Na warte«, flüsterte sie. Es war zwar eng hinter dem Vorhang, aber Swanilda schaffte es. Und kurz darauf fielen Coppélius fast die Augen heraus: Seine Puppe Coppélia tanzte durch die Werkstatt! Der Erfinder glaubte, dass sein Traum in Erfüllung gegangen sei. Seit Jahren versuchte er seinen Puppen Leben zu geben, und nun war es offenbar geglückt! Die verkleidete Swanilda verbeugte sich vor Franz. Er merkte nicht, wen er vor sich hatte. Zur Strafe tanzte Swanilda mit ihm die wildesten Tänze, bis er völlig außer Atem war. Er versuchte, die vermeintliche Coppélia zu küssen. Da fauchte Swanilda: »Du Dummkopf!« 𝄞 13–15
Es wirkte wie eine kalte Dusche. Das Blut schoss Franz in den Kopf, er stammelte etwas in Richtung Coppélius und rannte mit Swanilda an der Hand davon. Den Rest der Nacht bekam er von ihr ordentlich den Kopf gewaschen. Und musste hoch und heilig versprechen, in Zukunft weder Puppen noch echten Mädchen hinterherzuschauen.
Als am Morgen die neue Glocke erklang, war alles wieder gut. Die Hochzeit von Franz und Swanilda wurde die schönste und lustigste, die das Städtchen je erlebt hatte. Was auch an dem alten Coppélius lag. Denn er hatte Swanildas Entschuldigung angenommen und war als Gast erschienen. Ohne Coppélia. Dafür aber mit einigen seiner anderen Puppen, die er wirklich umwerfend komisch zu bedienen wusste!

Dornröschen

Märchenballett in drei Akten zur Musik von Peter Iljitsch Tschaikowsky

Guten Tag, die kleinen und großen Herrschaften, nur hereinspaziert in dieses Ballett!
Und in die schaurig-schöne Geschichte meiner jungen Herrin Prinzessin Aurora, besser als »Dornröschen« bekannt. Wegen der Rosenhecke, die doch angeblich ihr ganzes Schloss umwuchs. Aber Pardon, ich hüpfe voraus. Muss doch am Beginn beginnen, bei Auroras Taufe und dem Spindelfluch. Oder sollte ich mich vorher vorstellen? Gestatten, Catalabutte, Zeremonienmeister von König Florestan! Aber jetzt zum Beginn:
Es war eine festliche Taufe – die fürstlichen Gäste, das Hereinschweben der Feen, ihre guten Gaben für das Prinzesschen wie Anmut und Klugheit und Glück ... Und plötzlich: schwarzer Rauch! Daraus entstieg die siebte Fee des Landes, Carabosse!
O welch Versäumnis: Ich hatte vergessen, sie einzuladen! Für eine Entschuldigung war es zu spät. Carabosse stürmte wütend zu Auroras Wiege und sprach ihren schrecklichen Fluch: »An der langen, spitzen Spindel soll sich stechen dieses Kindel, wenn es zählet fünfzehn Jahr – und 's wird sterben dran, fürwahr!« Zum Glück im Unglück hatte die Fliederfee ihre Gabe noch nicht vergeben. Und so konnte sie den Fluch von Carabosse mildern: Statt zu 𝄞 16–20
sterben, sollte Aurora einfach nur schlafen und alle im Schloss mit ihr. Natürlich erließ der König sofort ein Spindelverbot im Reich. Aurora indessen wuchs heran und wurde immer schöner. Am Tag ihres 15. Geburtstags dachte kaum noch jemand an den Fluch. Der Palastgarten stand für jedermann offen. Der König und die Königin hatten auch vier junge Prinzen geladen. Aurora tanzte für sie den Rosentanz. Es war eine Freude, ihr zuzusehen! Unter den Zuschauern war auch eine alte Frau. Sie hielt Aurora ein Geschenk entgegen. Es war – eine Spindel, mit bunten Bändern geschmückt! Ich habe warnend »Nein!« gerufen und Aurora am Zipfel ihres Kleides zurückgerissen. Alles vergebens. Die Prinzessin hatte schon nach der Spindel gegriffen ...

Alles Weitere weiß ich nur noch verschwommen. Auroras erstauntes »Au!«, ihr Taumeln, ihr Wanken, ihr Niedersinken. Das grässliche Lachen der alten Frau – die natürlich Carabosse war. Und plötzlich: die lila Wolke der Fliederfee. Ihre glockenhelle Stimme machte meine Glieder schwer, so schwer … Was sie mit zauberischen Worten sprach, träumte ich schon mehr, als dass ich es hörte: »Hundert Jahre Schlaf im Schloss für den ganzen Königstross! Rinke, ranke Dornenhecke – bis ein Prinz Aurora wecke …« Ich träumte und träumte und träumte. Und wurde mittendrin – ich war gerade der Gestiefelte Kater – von einem Ruf geweckt: »Der Prinz ist da! Er heißt Desiré und hat Aurora geküsst!« Ich fuhr hoch und eilte in den Thronsaal. Überall stieß ich auf Spinnweben und erwachende Menschen.

Im Thronsaal standen, eng umschlungen, Aurora
und ihr Prinz. Er bat das Königspaar soeben um die 21+2
Hand ihrer Tochter …
Du liebe Güte! In drei Tagen schon soll die Hochzeit sein! Ich muss die Speisefolge besprechen.
Und die Musikanten bestellen. Und die Kostümwahl bestimmen … Wie wäre es, wenn wir als berühmte Märchenfiguren erscheinen? Dann tanze ich als Gestiefelter Kater mit der Weißen Katze; und das Rotkäppchen tanzt mit dem Wolf; und das Aschenputtel mit dem Däumling und der Blaue Vogel …
Ach ja, und die Gästeliste! Die Fee Carabosse darf ich ja diesmal getrost vergessen. Ein glücklicher Ausgang, fürwahr … Und jetzt entschuldigt mich, die kleinen und großen Herrschaften, ich habe viel zu tun!

Giselle

Ballett in zwei Akten zur Musik von Adolphe Adam

Das Bauernmädchen Giselle tanzte für ihr Leben gern. Manchmal musste sie sogar bei der Feldarbeit tanzen, weil es ihr war, als flösse durch ihre Adern Musik. Während sie einmal so auf dem Feld tanzte, sah sie ein Prinz namens Albrecht. Er verliebte sich sofort in die schöne Tänzerin. Obwohl er verlobt war, folgte er Giselle als Bauer verkleidet ins Dorf. Dort begann er sogleich um sie zu werben. Zuerst war Giselle zurückhaltend. Doch als der Fremde – er nannte sich Loys – ihr seine Liebe schwörte, wurde sie zutraulicher. Und vollends um sie geschehen war es beim Weinlesefest. Da tanzte Loys nur mit ihr. Er war ein großartiger Tänzer! Kein Wunder, dass jeder den beiden gerne zusah. Nur Mutter Berthe blickte besorgt. Sie hatte einen bösen Traum gehabt. Ihre Tochter war darin eine Wilis gewesen, der Geist eines Mädchens, das an Liebeskummer starb ... Und dann gab es noch den zornigen Blick von Hilarion. Er liebte Giselle seit Kindertagen. Und jetzt sollte er sie an diesen Fremden verlieren? Hilarion war sicher, dass mit dem Kerl etwas nicht stimmte. Ein Bauer tanzt nicht wie ein vornehmer Herr! Er beschloss, in Loys' Hütte einzusteigen, um einen Beweis zu suchen. 𝄞 23–25

Am nächsten Tag verschlug es eine Jagdgesellschaft ins Dorf. Es waren der Fürst von Kurland mit seiner Tochter Bathilde. Sie wurden von Giselle und Berthe freundlich bewirtet. Seltsam war nur, wie abseits sich Loys plötzlich hielt! Zuerst fiel es Giselle gar nicht auf. Sie plauderte mit Bathilde und bald waren die Mädchen wie Freundinnen. Sie erzählten sich von ihren Liebsten.

»Ich kann ihn dir zeigen«, lachte Giselle. Sie schaute sich nach Loys um und sah, dass er verschwinden wollte. Aber plötzlich war Hilarion neben Loys und hängte ihm einen prächtigen Mantel um.

»Seht her!«, brüllte Hilarion. »Das habe ich in seiner Hütte gefunden!« Alle starrten auf den Mantel, der ein Fürstenwappen trug, das Wappen von ...

»Albrecht!«, rief Prinzessin Bathilde.

Giselle spürte, wie es ihr den Boden wegzog. Sie begriff sofort den Verrat. Verschwommen hörte sie, wie ihr Loys, der in Wahrheit Bathildes Albrecht war, stammelte: »Ich kann es dir erklären, Bathilde.«
Und dann fiel Giselle in Ohnmacht – genau mit dem Kopf gegen einen Stein ... Sie war sofort tot. Es verging eine stumme Zeit der Trauer im Dorf. Berthe besuchte jeden Tag das Grab ihrer Tochter. Den unglücklichen Hilarion warnte sie, das Gleiche zu tun: »Du weißt, dass Giselle jetzt eine Wilis ist. Und du weißt, was das bedeutet!«
Ja, Hilarion wusste es. Die Sage erzählte, dass kein Mann eine Begegnung mit den Wilis überlebte. Geriet er in den Tanzkreis dieser elfenhaften Wesen, musste er mittanzen, bis in den Tod. Doch Hilarion wollte Giselle noch einmal sehen, und sei es als Geist! In der nächsten Vollmondnacht ging er zu dem kleinen Waldfriedhof. Sofort wurde er von den Wilis umringt. Es waren sehr viele und Hilarion hatte keine Chance. Als sich der Kreis um ihn 𝄞 26–2
schloss, bemerkte er nur noch, dass Giselle nicht dabei war. Auch Albrecht war in dieser Nacht zum Waldfriedhof gekommen. Er wollte Giselle um Verzeihung bitten. Da schwebte sie plötzlich vor ihm auf! Überglücklich wollte Albrecht sie küssen. Doch Giselle hob warnend die Hand. Die Wiliskönigin Myrtha hatte ihr befohlen, auch Albrecht in den tödlichen Tanzkreis zu führen. Giselle aber hatte etwas anderes vor. Sie tanzte mit ihrem geliebten Albrecht allein, die ganze lange Nacht, bis zum ersten Sonnenstrahl. Und so gelang es ihr, Albrecht vor Myrthas Macht zu beschützen. Er taumelte mit ergrauten Haaren ins Leben zurück; die Wilis aber mit Giselle verschwanden und wurden seither nicht mehr gesehen.

Der Feuervogel

Ballett in zwei Akten zur Musik von Igor Strawinsky

Es war einmal ein Prinz, der hieß Iwan Zarewitsch und wollte unbedingt den Feuervogel fangen. Nach wochenlanger Suche geriet Iwan bei Einbruch der Nacht mitten im Wald plötzlich an eine Mauer. Neugierig kletterte der Prinz darüber. Er gelangte in einen Park, in dem seltsame Steinfiguren standen. Vorsichtig berührte Iwan eine von ihnen – und zuckte zurück. Eiseskälte ging von der Figur aus! Gleichzeitig spürte der Prinz im Rücken knisternde Wärme. Er drehte vorsichtig den Kopf und sah: den Feuervogel! Er hatte ein Gefieder aus leuchtendem Orange und Rot und Gold und schien in der Luft zu tanzen. Iwan war wie verzaubert. Doch dann besann er sich auf seinen Plan. Er tanzte auf dem Boden mit dem Feuervogel mit – sprang dabei nach oben, bekam einen Flügel zu fassen und gleich darauf den zweiten … »Hab ich dich!«
Der Feuervogel hielt ganz still. Mit großen, schwarzen Augen blickte er Iwan flehend an: »Bitte, lass mich wieder frei! Wenn du mich einsperrst, werde 𝄞 29–32
ich sterben.« Das wollte der Prinz nun doch nicht. Seufzend ließ er seine Beute wieder los.
»Du wirst es nicht bereuen«, zwitscherte der Feuervogel. »Hier, nimm eine Feder. Gerätst du in Gefahr, wirf sie in die Luft, und ich bin windgeschwind bei dir!« Mit diesen Worten verschwand der Feuervogel und Iwan blieb allein in dem nun düsteren Park zurück. Oder doch nicht? Da waren Stimmen! Rasch versteckte sich Iwan und sah, wie dreizehn Prinzessinnen durch eine Pforte traten. Sie schüttelten goldene Äpfel von einem Baum. Eine der Prinzessinnen gefiel Iwan ungemein! Er beschloss, sich zu zeigen. Zuerst erschraken die Mädchen, doch dann bat die Schöne Iwan zum Tanz. Sie hieß Zarewna und die beiden tanzten, bis der Morgen graute.

»Ich muss gehen, Liebster«, sagte Zarewna. »Folge mir nicht, es wäre dein Tod. Denn meine Schwestern und ich sind Gefangene des Zauberers Kastschei.« Kastschei! Iwan erschauderte. Das war der mächtigste und böseste Zauberer des Königreichs! Ein Horn erklang und die Mädchen eilten durch die Pforte. Iwan stand mit hängenden Schultern. Doch dann straffte er sich. Er würde Zarewna und ihre Schwestern befreien! Iwan riss die Pforte auf. Glocken schrillten. Eine Horde Ungeheuer stürmte herbei. Sie packten Iwan. Dann erschien, klack, klack … auf seinen Zauberstab gestützt, Kastschei. »Du wagst es, in mein Reich einzudringen? Dann empfange nun den Lohn – so wie all die anderen zuvor!« Der Zauberer hob die knöcherne Hand und sprach mit unheilvoller Stimme: »Stein zu sein, das sei dein Fluch …« Iwan fühlte Kälte in sich hochkriechen und begriff: die Figuren! Es waren in Stein verwandelte Ritter! Der Prinz zog mit letzter Kraft die Feder hervor und hielt sie in die Luft.
»Ti-ri-li« – sofort war der Feuervogel da. Sein 𝄞 33–36
Gesang bewirkte, dass der Zauberer und seine Ungeheuer tanzen mussten, bis sie erschöpft zu Boden fielen. Iwan glaubte sich schon gerettet, doch der Feuervogel flüsterte: »Du musst das Ei zerstören. Darin ist seine Seele. Es liegt vergraben unter dem Goldenen Baum.« Iwan hechtete zum Baum, ertastete das Ei und schleuderte es zu Boden. Die Seele des bösen Zauberers entwich tiefschwarz – und dann war nur noch Leuchten. Das Leuchten des Morgens. Das Leuchten des davonfliegenden Feuervogels. Und das Leuchten in Zarewnas und Iwans Augen.
Und wenn sie nicht gestorben sind, dann feiern sie noch immer Hochzeit … und die Erlösung der steinernen Ritter.

Der Nussknacker

Märchenballett in zwei Akten zur Musik von Peter Iljitsch Tschaikowsky

Es war Weihnachten. Im Haus der Familie Stahlbaum herrschte große Freude. Franz hatte seine langersehnten Zinnsoldaten bekommen. Und Clara ein neues Puppenbett. Das schönste Geschenk für sie aber war der Nussknacker von Onkel Drosselmeyer. Versunken saß das Mädchen da und fütterte den Nussknacker mit Nüssen.
»Ich auch!«, rief Franz. Er wählte eine viel zu große Nuss. Statt »Knack!« machte es »Krack!« – und der Kiefer des Nussknackers brach.
»Jetzt schau, was du angerichtet hast!«, schluchzte Clara. Der Onkel machte dem Nussknacker einen Verband. »Leg ihn ins Puppenbett!«, sagte er. »Du wirst sehen, über die Weihnachtsnacht wird er wieder heil.«
Clara tat, wie ihr der Onkel geraten hatte. Bald mussten die Kinder ins Bett. Nun war es im Haus 𝄞 37+38
dunkel und still ... Doch dann hörte Clara ein Poltern aus dem Salon! Ihr fiel sofort der Nussknacker ein. Sie schlüpfte in die Pantoffeln und schlich hinunter. Plötzlich war da noch ein Geräusch. Etwas huschte. Vor und hinter und neben ihr! Clara erstarrte. Mäuse! Es waren Mäuse, die von überallher kamen und unter dem Türspalt des Salons verschwanden ... Ohne zu zögern, riss Clara die Tür auf – und wich entsetzt zurück. Im Salon tobte eine Schlacht! Hunderte Mäuse kämpften gegen – nein, das war einfach unmöglich! Und trotzdem sah Clara, was sie sah: Zinnsoldaten. In Reih und Glied. Angeführt von ihrem Nussknacker!

Clara blieb keine Zeit darüber nachzudenken, warum er lebendig geworden war. Denn genau in diesem Augenblick richtete sich der Mäusekönig auf. Er hatte grässliche Zähne. Und einen Säbel, den er jetzt gegen den Nussknacker schwang ... Sirrend sauste Claras linker Pantoffel durch die Luft. Er traf genau und mit einem jämmerlichen Piepser fiel der Mäusekönig um. Alles Weitere ging unvorstellbar schnell: Die Mäuse flüchteten, plötzlich schneite es und der Nussknacker war mit einem Mal ein Prinz ... Clara stand mit ihm im Wald. Von irgendwoher ertönte Musik. Schneeflocken wirbelten und Clara versuchte, sie zu fangen. Doch der Prinz sagte: »Das wird ein Sturm! Es ist besser, wir beeilen uns!« Er nahm Clara an der Hand und zog sie mit sich fort, bis sie zu einem Schloss gelangten. Es hatte ein Dach aus Zuckerguss. Und Türme aus Schokoküssen. Und ein Tor aus Krokant!

»Hier wohnt die Zuckerfee«, sagte der Prinz. »Sie gibt dir zu Ehren ein Fest.«

Die Zuckerfee war wunderschön. Sie klatschte in die Hände und Musik erklang. Es war dieselbe Musik, die Clara schon im Wald gehört hatte.
Die Zuckerfee tanzte dazu einen bezaubernden 𝄞 39–42
Tanz. Dann veränderte sich die Musik und es begann eine Vorführung, wie sie die Welt noch nicht gesehen hat: Hüpfende Nougatstangen! Steppende Lollis! Walzertanzende Bonbons!

Clara brachte den Mund vor Staunen nicht mehr zu. Und während die Tänzer und die Musik ständig wechselten, erklärte der Prinz: »Das ist ein spanischer Tanz. Und dies ein arabischer. Und jetzt kommt ein Kosakentanz. Der fährt so richtig in die Beine!«
Clara spürte es. Sie bekam Lust, selber zu tanzen. Der Prinz führte sie in die Saalmitte und sie drehten sich, seltsam schwebend, seltsam leicht – bis es Clara schwindelig wurde und sie erwachte ... in ihrem Bett!
Es dämmerte bereits. Enttäuscht sah Clara sich um. Ob sie auch Weihnachten nur geträumt hatte? Sie lief in den Salon. Alles war wie gestern: der Weihnachtsbaum, die Zinnsoldaten, das Puppenbett ... Langsam hob Clara die Decke. Ja, auch der Nussknacker lag da. Aus Holz und bunt bemalt, so wie ihn Onkel Drosselmeyer aus seiner Tasche gezaubert hatte. Und trotzdem war etwas anders: Sein Kiefer war geleimt! Behutsam streichelte Clara darüber. »Wer hat dich wieder heil gemacht?«, flüsterte sie. Um gleich darauf einen erstaunten Schrei auszustoßen: Mitten im Salon, dort, wo sie im Traum den Mäusekönig damit getroffen hatte, lag ihr linker Pantoffel!
Und während im Haus allmählich die Menschen und Geräusche erwachten, saß Clara mit dem Nussknacker im Arm einfach nur still da und überlegte, was denn nun Traum und was Wirklichkeit war ... 𝄞 43–45

Hinter den Kulissen

Der Name *balletto* kommt aus dem Italienischen und heißt *kleiner Tanz.* Dabei ist so eine Ballettvorführung ganz und gar nicht klein! Allein die vielen Menschen, die daran beteiligt sind: Der Komponist, der sich die Musik ausdenkt. Die Choreografin, deren Aufgabe das Erfinden und Einstudieren der Tanzschritte ist. Das Orchester mit den vielen Musikerinnen und Musikern. Der Dirigent, der ihnen den Einsatz gibt und das Zusammenspiel der Instrumente leitet. Die Bühnen- und Kostümbildnerinnen, die monatelang am Bühnenbild und den Kostümen arbeiten; die Beleuchter, Technikerinnen, Bühnenarbeiter, Maskenbildnerinnen, Garderobiers hinter den Kulissen …

Und natürlich die Tänzer und Tänzerinnen! Wenn sie über die Bühne schweben, ist das Publikum verzaubert. Es sieht so leicht aus, so schwerelos! Und braucht doch täglich harte Arbeit. Jede Drehung, jeder Sprung muss tausendfach geübt werden. Und selbst die berühmtesten Ballettstars stehen täglich an der Stange, dehnen und kräftigen ihre Muskeln und wärmen sich auf – so wie jedes Ballettküken rund um die Welt.

Zur Entstehung der Ballettstücke

Schwanensee
Die Musik zu dem dramatischen Ballett komponierte Peter Iljitsch Tschaikowsky. Die Uraufführung 1877 in Moskau war ein Misserfolg. Erst in einer neuen Choreografie von Marius Petipa und Lew Iwanow wurde »Schwanensee« 1895 vom Publikum begeistert angenommen – und ist bis heute das vielleicht berühmteste Ballett der Welt. Besonders bekannt ist der »Tanz der vier kleinen Schwäne« und der Solotanz von Odette als »Sterbender Schwan«.

Zum Heraushören: Das sogenannte »Schwanenmotiv« ist das einzige musikalische Thema des Balletts und immer wieder zu hören.

Schwere Last: Siegfrieds Tanz mit der großen Armbrust in der Hand braucht besonders viel Kraft und Balancevermögen.

Fies und gefedert: Der böse Zauberer Rotbart tritt bei manchen Aufführungen in einem Kostüm mit riesigen, schwarzen Vogelschwingen auf.

Coppélia
»Coppélia oder das Mädchen mit den Glasaugen« ist eines der ersten Ballette über Puppen, die (scheinbar) lebendig werden. Die Musik komponierte Léo Delibes. Er baute darin auch viele Volkstänze ein, zum Beispiel den ungarischen Csárdás.
Die Uraufführung fand 1870 an der Pariser Oper statt. Weil damals männliche Tänzer als unfein galten, tanzte die Rolle des Franz eine verkleidete Frau.
In heutigen Inszenierungen steht besonders die Figur des etwas unheimlichen Coppélius im Vordergrund.

Starr und steif: Um als Puppen überzeugend zu wirken, müssen die Tänzer in »Coppélia« auch längere Zeit völlig bewegungslos verharren können.

Zum Heraushören: Instrumente wie Piccoloflöten, Harfen und Glöckchen unterstreichen besonders gut die mechanischen Bewegungen der Puppen.

Dornröschen
Das Märchenballett »Dornröschen« wurde zum ersten Mal 1890 in St. Petersburg aufgeführt – als Überraschung für den damaligen russischen Zaren. Die Tänze und ihren Ablauf (Choreografie) dachte sich Marius Petipa aus; die Musik schrieb der berühmte Komponist Peter Iljitsch Tschaikowsky. Als Grundlage dafür nahm er nicht die Geschichte der Brüder Grimm, sondern das französische Märchen »Die Schöne im schlafenden Wald« von Charles Perrault.

Wichtige Pantomime: Um anzuzeigen, dass sie schlafen, bilden die Tänzerinnen und Tänzer mit den Armen unter dem geneigten Kopf ein Bett oder Kissen.

1000 Rosen: Für eine Ballerina ist »Dornröschen« eine große Herausforderung; besonders der »Rosentanz« gilt als sehr schwierig zu tanzen.

Giselle

Sie hieß Carlotta Grisi und tanzte mit schwebender Leichtigkeit – eigens für sie wurde 1841 die Rolle der Giselle geschaffen. Die Musik zu dem heute noch in aller Welt aufgeführten romantischen Ballett komponierte Adolphe Adam. In dem Stück bleibt der Hauptdarstellerin nur kurze Zeit, um sich von einem glücklichen, tanzlustigen Mädchen in ein Geistwesen mit gebrochenem Herzen zu verwandeln. Der Gesichtsausdruck (Mimik) und eine gut einstudierte Körpersprache (Gestik) sind da besonders wichtig.

Requisiten-Trick: Giselles Hochzeitsschleier ist an einen unsichtbaren Draht gebunden und kann so wie durch Zauberhand verschwinden.

Auf Zehenspitzen schweben: Der gepolsterte und mit Leim verstärkte Spitzenschuh wurde extra für die romantischen Ballette erfunden.

Der Feuervogel

Als »Der Feuervogel« 1910 an der Pariser Oper Premiere hatte, wurde der junge Komponist Igor Strawinsky schlagartig berühmt. Das Publikum war hingerissen von seiner neuartigen Musik! Aber auch die fantastischen Kostüme und die schaurig-schöne Geschichte, die auf zwei russischen Märchen beruht, machten das Ballett zu einem Zuschauermagnet. Es gilt bis heute als schwierig zu tanzen, denn Strawinskys Musik ist rhythmisch sehr kompliziert.

Zum Heraushören: Den Feuervogel charakterisieren flirrende und sirrende Töne. Diesen Effekt erzielen etwa Bläser, wenn sie ihre Zunge flattern lassen.

Paukenschlag und Trommelwirbel: Einer der bekanntesten Tänze im Feuervogel ist der lautstark-wilde »Höllentanz«, in dem das Orchester wie ein einziges großes Schlaginstrument wirkt.

Der Nussknacker

Den Stoff für dieses beliebte Weihnachtsballett lieferte die Geschichte »Nussknacker und Mäusekönig« von E.T.A. Hoffmann. Für die Musik wählte der Komponist Peter Iljitsch Tschaikowsky auch Spielzeuginstrumente wie Trompete, Minitrommel und Rassel. »Der Nussknacker« ist das einzige berühmte Ballett, in dem Kinder eine Hauptrolle tanzen. Die Uraufführung nach der Choreografie von Lew Iwanow und dem Buch (Libretto) von Marius Petipa fand 1892 im St. Petersburger Marientheater statt.

Zucker und Schnee: Berühmte Tänze im »Nussknacker« sind der »Tanz der Schneeflocken« und die Tänze der Süßigkeiten im Schloss der Zuckerfee.

Verschiedene Enden: Je nach Inszenierung fährt Clara am Schluss des Balletts auf einem Schlitten in die Zukunft oder sie wacht auf und hat alles nur geträumt.

Glossar

Arabesque

Attitude

Adagio: Langsames Musikstück; langsamer, gleitender Tanz.

Akt: Teil eines Theaterstücks, einer Oper oder eines Balletts.

Arabesque: Diese Pose (Tanzhaltung) nimmt Odette im »Schwanensee« häufig ein. Dabei steht sie auf einem Bein und streckt das andere hoch hinauf nach hinten.

Attitude: Schwierige Pose von Aurora im Rosentanz. Ähnlich wie die Arabesque, doch das gehobene Bein kann auch nach vorne oder zur Seite weisen.

Ballerina: Balletttänzerin.

Barre: Die Stange, an der im Ballettsaal geübt wird.

Batterie: Eigentlich französisch »Trommelwirbel«. Die Füße werden vom Tänzer viele Male in der Luft zusammengeschlagen.

Bühnenbild: Die Bemalung, Beleuchtung, Ausstattung der Bühne.

Bras: Arm(e). Port des bras: Die Haltung und Bewegung der Arme.

Grand Jeté

Batterie

Choreograf: Er erfindet die Tänze für ein Ballett und studiert die genauen Schrittfolgen (Choreografie) mit den Tänzern ein.

Corps de ballet: Eigentlich französisch »Ballettkörper«: Gruppentänzer, die zum Beispiel den Solotänzer umrahmen. Meist tanzen hier die jüngsten und unerfahrensten Mitglieder der Truppe.

Csárdás: Ungarischer Volkstanz.

Danseur premier: Erster (führender) Tänzer.

Ensemble: Alle Tänzer und Tänzerinnen zusammen; die Balletttruppe.

Exercice: Übung; das, was jeder Tänzer jeden Tag üben und proben muss.

Inszenierung: Eigentlich »in Szene setzen«. Wie eine Ballett- oder Theatertruppe ein bestimmtes Stück spielt oder tanzt.

Jambe: Bein(e). Rond de jambe: Kreisförmige Bewegung des Beins.

Jeté: Sprung von einem Fuß auf den anderen. Es gibt große und kleine Jetés (grands und petits).

Da die Geschichte des Balletts in Frankreich begann, sind noch heute fast alle Begriffe aus der Ballettsprache auf Französisch (manchmal auch Italienisch).

Tutu

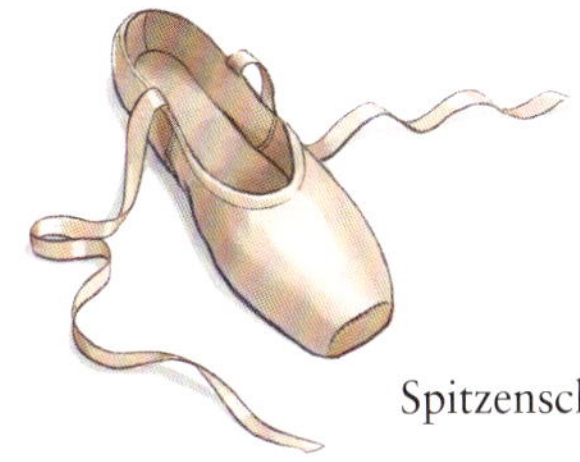

Spitzenschuh

Requisite, z. B. Armbrust

Libretto: Eigentlich italienisch »kleines Buch«. Eine Art Buch über die Szenenabfolge des Balletts; bei Opern nennt man so das Textbuch.

Ouvertüre: Die vor dem Öffnen des Vorhangs erklingende Musik (Einleitung).

Kolofonium: Pulver für die Tanzschuhe. Es soll damit ein Ausrutschen verhindert werden.

Pantomime: Eine Geschichte ohne Worte, nur durch Bewegungen des Körpers (Gestik) und des Gesichts (Mimik) erzählt.

Pas: Tanzschritt (zum Beispiel Pas de chat = Katzensprung). Ein Pas de deux ist ein Tanz für zwei.

Pirouette: Eine oder mehrere Drehungen auf der Stelle.

Plié: Kniebeuge. Demi-plié: Halbe Kniebeuge. Grand-plié: Große Kniebeuge.

Primaballerina: Die beste Tänzerin in einer Balletttruppe.

Requisite: Gegenstand, den man für die Geschichte braucht (zum Beispiel Siegfrieds Armbrust, Giselles Hochzeitsschleier).

Plié

Pirouette

Saut: Sprung mit beiden Beinen.

Scherzo: Lebhafter, meist heiterer Tanz.

Solo: Einzeltanz, bei dem die Tänzer all ihr Können zeigen.

Soubrette: Eine heitere Tänzerin mit einem komischen Talent (zum Beispiel Swanilda in »Coppélia«).

Spitzenschuh: Schuh der Tänzerin mit versteifter Spitze.

Sur les pointes: Eigentlich französisch »auf den Spitzen«. Spitzenschuhtanz der Tänzerin.

Szene: Bestandteil eines Akts, wo neue Personen auftreten oder der Schauplatz gewechselt wird.

Tour: Drehung des Körpers auf einem Bein.

Tours en l'air: Vollständige Drehung in der Luft.

Trikot: Eng anliegendes Kostüm des Tänzers.

Tutu: Eigentlich französisch für »Popo«. Aus mehreren Schichten Tüll oder Nylon bestehender Rock der Balletttänzerin.

Walzer: Deutscher Volkstanz im ¾-Takt.

Inhalt der CD

Musik mit freundlicher Genehmigung von NAXOS Deutschland, www.naxos.de

Musikaufnahmen entnommen von Naxos CDs ODE1167-2D, PH11041, ODE1180-2D, C10568, 8.553356-57, 8.550490-92
Orchester: Russisches Nationalorchester, WDR Sinfonieorchester Köln, Academy of St. Martin in the Fields Orchestra, Slowakisches Radio-Sinfonieorchester, Staatliche Slowakische Philharmonie
Dirigenten: Mikhail Pletnev, Jukka-Pekka Saraste, Neville Marriner, Andrew Mogrelia
Gesprochen von: Dietmar Wunder
Aufnahme, Schnitt, Mastering: Studio Wort